SUPPLIQUE

DES

ÉMIGRÉS FRANÇAIS

AUX SOUVERAINS

RÉUNIS AU CONGRÈS DE L'EUROPE.

SUPPLIQUE

DES

ÉMIGRÉS FRANÇAIS

AUX SOUVERAINS

RÉUNIS AU CONGRÈS DE L'EUROPE.

Imprimé sur l'édition originale publiée à Bruxelles.

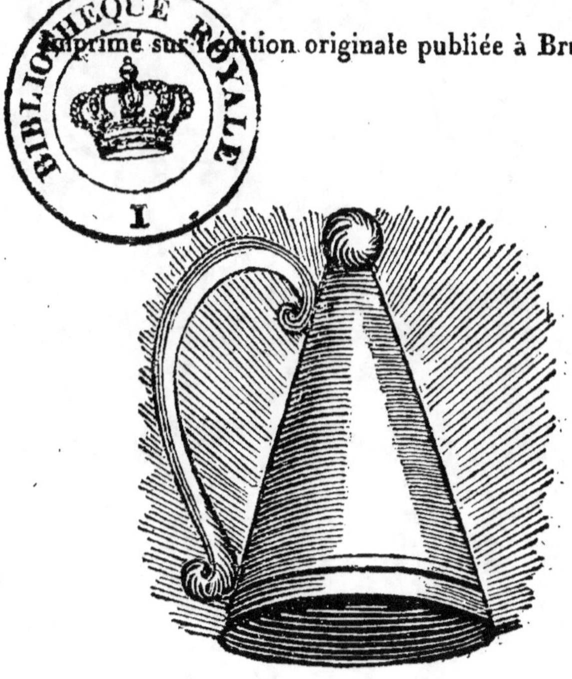

Avril. — 1815.

SUPPLIQUE

DES

ÉMIGRÉS FRANÇAIS

AUX SOUVERAINS

RÉUNIS AU CONGRÈS DE L'EUROPE.

Daignez prêter votre appui à nobles, très-nobles, hauts et puissans seigneurs, hautes et puissantes dames, damoiselles et damoiseaux français, que des vassaux, vilains indignes, ont encore une fois chassés de leurs domaines. Souverains du Monde, vous qui disposez à votre gré et des peuples et des provinces, daignez honorer de votre protection active quelques centaines de seigneurs suzerains qui ont eu le malheur de ne pouvoir faire reconnaître leurs droits à plusieurs millions d'hommes , sujets rebelles qui se croient quelque chose.

Vos hommes, rassemblés en grand nombre, nous avaient, par vos ordres, ramenés sur nos terres. Plût à Dieu qu'ils y fussent restés ! Nous n'avons pu nous soutenir sans eux. Grands princes ! une circonstance semblable s'offre de nouveau à votre dévouement. Que deux, que trois millions de vos hommes nous reconduisent dans nos foyers.... Mais qu'ils ne nous abandonnent plus , dussions-nous vous les acheter ! Ils seront reçus comme des frères par les braves et fidèles amis qui nous restent, en petit nombre à la vérité, mais qui n'attendent que le moment pour se déclarer en notre faveur : déja ils l'eussent fait , s'il n'y eût eu quelque danger à courir ; en attendant, ils vivent paisiblement au service du roi , qui, de loin comme de près, ne cesse de régner sur eux.

Quant à nous , soutiens généreux du trône , nous ne l'avons abandonné, l'Europe en est témoin , que lorsqu'il a été menacé. Nos intérêts , celui de nos familles nous devenaient alors plus chers ; et l'on ne saurait nous contester la prudence de notre conduite. C'est au peuple à mourir pour son roi ; la vie des personnes nobles doit se réserver pour une meilleure occasion.

Une fois déjà , Souverains du Monde, vous avez mis un terme à nos malheurs ; nous ne nous sommes point montrés ingrats. A peine rentrés dans nos murs, nous n'avons cessé de faire revivre ces salutaires principes qui assurent parmi les peuples, et l'ignorance et l'esclavage, puissans auxiliaires au moyen desquels nos aïeux, de ténébreuse mémoire, s'étaient élevés ; principes qui, si longtems, ont fait la force des rois vos ancêtres, et de l'inobservation desquels l'Europe en larmes accuse quelques-unes de vos augustes majestés.

Exilés , méprisés et pauvres pendant vingt-cinq ans , nous avons toujours offert, jusqu'à notre passagère restauration , une attitude aussi noble que fière. Nous ne demandions pas , nous arrachions des secours. Nous avons armé, nous avons poussé les uns contre les autres nos sujets rebelles..... Qu'il nous soit permis, Souverains du Monde , de jeter ici quelques fleurs sur la tombe de tant de braves qui se sont fait immoler pour notre cause ! Vendéens, Chouans, Chauffeurs, Brûleurs, et vous tous qui avez déchiré notre belle patrie, recevez le tribut de nos cœurs. Vous avez échoué dans votre louable entreprise ; qu'il vous reste au moins l'honneur de l'avoir essayée. Nous l'avons juré, nous le jurons encore ; des monumens seront élevés de nos mains à votre gloire, si Dieu et le congrès nous prêtent assistance ! Ces monumens seront élevés sur les débris de ceux que la nation érigea pour perpétuer le souvenir de ses victoires *impies* et *illicites*. Nous détruirons tout ce qui pourrait rappeler ces actions qu'enfante *l'honneur*, mot vide de sens que nous rayerons de nos dictionnaires.... Gros et grand Georges Cadoudal, nous t'avons réhabilité, ennobli ; nous ferons plus : nous renouvellerons en faveur de ta race, la dignité et les prérogatives qu'un prince Arabe, *le prince des Assassins,* a rendu si fameuses.

Souverains du Monde, le passé vous est connu ; vous n'avez pu ignorer nos exploits. Occupons-nous du présent.

Lorsque l'année dernière nous rentrâmes

glorieux sur nos terres , protégés par vos nombreuses cohortes, nous nous empressâmes de rétablir l'ancien ordre de choses , en faisant rétrograder les esprits désormais trop éclairés pour être soumis. Nous voulûmes d'abord que quelques millions d'artisans se passassent de manger le dimanche, en les forçant de suspendre leurs travaux accoutumés du matin pour se rendre à la messe: cette mesure eut un effet si miraculeux , que le roi lui-même n'aurait pu dans Paris trouver une bavaroise avant midi; toutes les boutiques furent bien et dûment fermées les dimanches et les fêtes, c'est-à-dire cent cinquante jours environ par an.

Nous nous emparâmes de tous les emplois pour les distribuer à nos amis, dont le nombre se grossissait alors à chaque instant : des milliers de citoyens, soi-disant honnêtes, se trouvèrent sans pain : tant pis ; pourquoi n'avaient-ils pas émigré ?

Nous nous attachâmes à avilir tout ce que pendant vingt-cinq ans on avait fait , même en bien, sans notre participation. Nous retirâmes les pensions accordées en reconnaissances de services rendus *illégalement* dans notre absence.

L'armée fut l'objet de notre plus vive sollici-tude. Les soldats *dépouillés de leurs récompen-ses illicites ;* les officiers privés de leurs hon-neurs, de leur commandement et renvoyés dans leurs foyers ; la garde du dernier chef de l'état, condamnée à n'approcher jamais de son nouveau souverain, et éparpillée dans les pro-vinces ; des généraux Vendéens et des chefs de Chouans revêtus des plus hauts grades et remplaçant ces épouvantables héros dont les moustaches seules portent l'effroi dans l'âme d'un véritable émigré ; des officiers octogé-naires placés *licitement* à la tête d'une jeunesse turbulente et railleuse : toutes ces mesures et beaucoup d'autres tendant également à *l'orga-nisation* de l'armée, furent l'ouvrage de peu de jours.

Des morceaux de rubans bleus et rouges, suspendus à toutes les boutonnières, attestèrent notre munificence sans épuiser nos trésors : au contraire nous avions d'abord généreusement supprimé les émolumens attachés aux diffé-rentes décorations ; ensuite nous vendîmes les croix... Assez et trop longtems elles avaient été le prix du mérite : nous changeâmes tout cela. Aussi quelle masse innombrable de che-valiers on vit éclore ! LES BRAVES GENS ! . . . Quel attachement n'ont-ils pas témoigné au roi ! Loin de l'abandonner , la plupart d'entr'eux l'ont *devancé* de plusieurs jours dans le royaume des Pays-Bas.

Ce fut en vain que l'on nous opposa tous les genres de gloire et d'illustration ; nul n'eut droit à nos faveurs, à nos récompenses, à notre justice, s'il avait acquis ses titres loin de nous et non pour notre cause. « Mais nous avons servi, « défendu la patrie; notre sang a coulé pour « elle.... Nous l'avons enrichie par nos travaux, « honorée par nos chefs-d'œuvres...... — La « patrie, répondions-nous à ces réclamations; « la patrie n'était plus en France : elle était « toute où nous étions. Si vous vous êtes ren- « dus illustres, c'est d'une manière *illégale*. « Votre mérite même est *illicite :* si nous fus- « sions restés parmi vous, vous n'auriez pu « l'acquérir; et d'ailleurs, ce mérite dont vous « faites tant de bruit pouvait-il, devait-il se « déployer en France quand le trône se trou- « vait à Mittau ou à Hartwel ? » Partant de ces argumens sans réplique, nous faisions donner ou demander (sous peine de destitution *légale*) des démissions qui balayaient des premiers emplois une foule de gens dont la présence, le crédit et le nom nous paraissaient fort importuns : héros, magistrats, hommes d'état, publicistes, savans, artistes, toutes ces classes d'hommes dangereux furent purgées; enfin, nous remîmes en honneur la routine et les préjugés.

Nous fîmes payer par nos sujets les dettes à l'étranger que nous avions contractées pour les faire battre ou diviser. Nous prélevâmes à notre profit des pensions sur les fonds destinés à l'entretien des vieux défenseurs *illicites* de l'état.

Quelques libéraux appelaient nos mesures vexatoires. Nous nous aperçumes qu'ils taillaient leurs plumes..... Quel danger chez un peuple qui a le malheur de savoir lire! aussitôt nous défendîmes d'écrire..... Encore quelques jours, et nous empêchions de penser. Nos bienfaisantes lettres de cachet, n'auraient pas même tardé à couper la respiration aux penseurs *illicites*. Tout était en bon train.

Déja la plupart d'entre nous avaient chassé de leurs maisons des propriétaires qui, bien qu'ils en eussent payé le prix, ne possédaient pas *légalement*, et nos émissaires étaient parvenus, au mépris de la parole royale, à jeter de si vives inquiétudes dans l'âme d'un grand nombre de propriétaires de biens nationaux, que quelques-uns, pour conserver leur *existence* et la décoration du lis, nous firent *volontairement* hommage de leurs biens, qu'ils tenaient de la sixième main, et qu'ils avaient considérablement augmentés et embellis. De sorte que plusieurs émigrés, nos honorables compagnons, antiques possesseurs d'un misérable castel, se virent en possession *légale* d'un palais. Du reste, nous étions sur le point d'être tous rétablis dans nos seigneuries en propre ; *les hommes* et la terre ne pouvaient manquer de redevenir notre propriété exclusive. Dans les villes ou dans les villages, les préfets ou les maires opposaient follement leur *représentation :* les bedaux et les sacristains ne devaient plus rendre hommage qu'au *seigneur de l'endroit.* Le peuple enfin allait bientôt n'être plus rien, la noblesse tout, et le roi, le roi.

Mais voyez, illustres Souverains du Monde ! quelles calamités amènent à leur suite les lumières. Ce peuple, que nous avions laissé courbé s'était relevé ; il pensait...... O douleur ! un peuple qui pense ! Il s'aperçut qu'il retournait vers l'ignorance et l'esclavage : il s'arrêta tout court, et ne voulut plus rétrograder. Les libéraux, engeance exécrable ! se moquèrent de nous, et le ridicule s'attacha à nos pas.

Le croiriez-vous , Souverains du Monde ! la cause de tant de maux prit sa source aux degrés du trône. Que Saint Louis nous le pardonne ! nous ne pouvons taire les torts de son petit-fils. La charte, cette maudite charte que le roi *octroya* à ses peuples , devint le palladium des libéraux. Nous n'en voulions point , nous, et le roi eût dû nous écouter. Si, aidé des prêtres et de nous , il eût régné sans lois , sans pacte , les choses n'en seraient pas où elles sont : nos volontés et la sienne ne formaient-elles pas un code suffisant pour la gente roturière ? Ce n'est pas que le roi ne permît , n'encourageât les violences fréquentes dont sa bien-aimée charte fût l'objet ; mais de tems en tems , pour calmer les libéraux , nous étions contraints de paraître nous rattacher à cette charte , et c'est ce qui a tout perdu. En voulant cacher nos véritables intentions que, nous ne savons trop pourquoi, on qualifiait de perfides et de déloyales, nous nous sommes démasqués.

Sur ces entrefaites , l'homme de l'île d'Elbe met le pied sur notre terre. O terrible défection ! tous les Français lèvent spontanément les yeux sur lui , et nous tournent le dos. Ils nous traitent d'oppresseurs , et lui de libérateur ! . . . . Avions-nous mérité cet outrage ?

Permettez-nous , Souverains du Monde , de terminer ici le tableau déchirant de nos malheurs qui se sont succédés rapidement , et que n'ont pu arrêter nos mesures *légales* et *paternelles*. . . Nous avons pris la fuite : elle fut toujours notre première et notre dernière ressource. Le roi nous a suivis de près. Ses parens ont usé de tous les moyens pour allumer la guerre civile en France. Inutiles efforts ! le diable de Bonaparte semble maîtriser les évènemens. Sous peu de jours tous les bons Français viendront se joindre à nous , pour solliciter de vos majestés augustes la plus honorable des protections, afin de porter le fer et la flamme dans leur patrie.

Pourrez-vous, Souverains du Monde , résister à de si nobles sentimens ? oh ! non , vous n'y résisterez pas ! vous nous accorderez deux millions de vos hommes , et plus s'il le faut, pour *reporter* le roi sur son trône , et nous dans nos seigneuries. Quels avantages n'en retirerez vous pas ! vous ferez tuer vos hommes, mais vous aurez un allié *débonnaire* , qui , *sensible à tant d'égards* , vous octroiera la décoration du lis. Vous froisserez, vous léserez vos peuples, mais vous ferez le bonheur d'une famille ; vous allumerez une guerre nationale dont les effets seront terribles ; mais , quels qu'en soient les résultats, vous aurez mérité l'admiration et la reconnaissance de nobles, très - nobles, hauts et puissans seigneurs, hautes et puissantes dames, damoiselles et damoiseaux, tous émigrés français.

Bruxelles, mars 1814.

(*Suivent les signatures.*)

Note de l'éditeur. Nous publierons la réponse du congrès aussitôt qu'elle nous sera parvenue.

De l'Imprimerie de Mme. V^e. PERRONNEAU, quai des Augustins, n°. 39.